ROBOTS IN SPACE!

How to Draw Awesome Robots Activity Book

activibooks for kids
Coloring, Drawing & Activity Books For Children

DRAW
THE
IMAGE

DRAW THE IMAGE

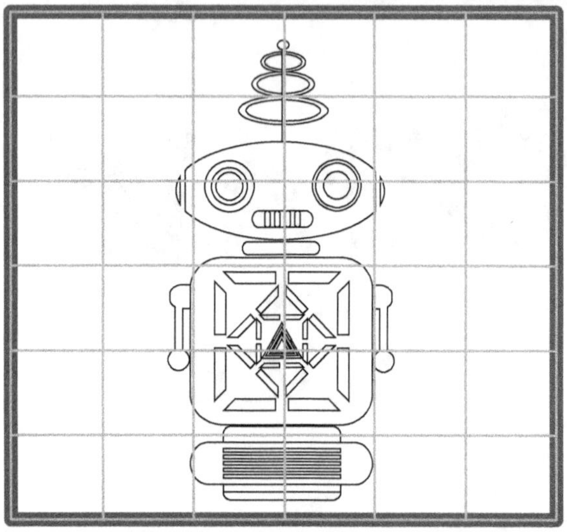

DRAW THE IMAGE

DRAW
THE IMAGE

DRAW
THE IMAGE

DRAW
THE IMAGE

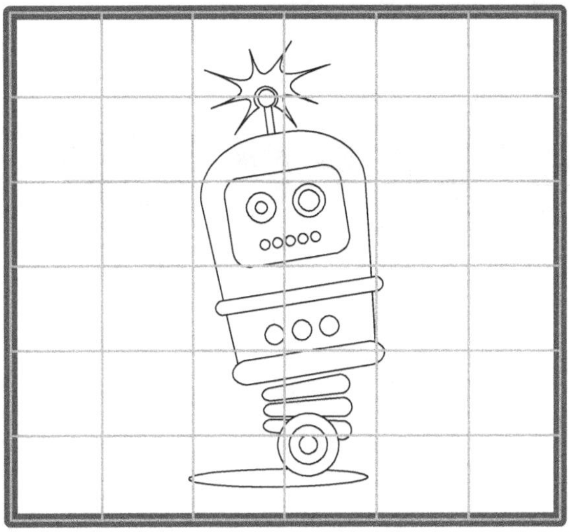

DRAW THE IMAGE

DRAW THE IMAGE

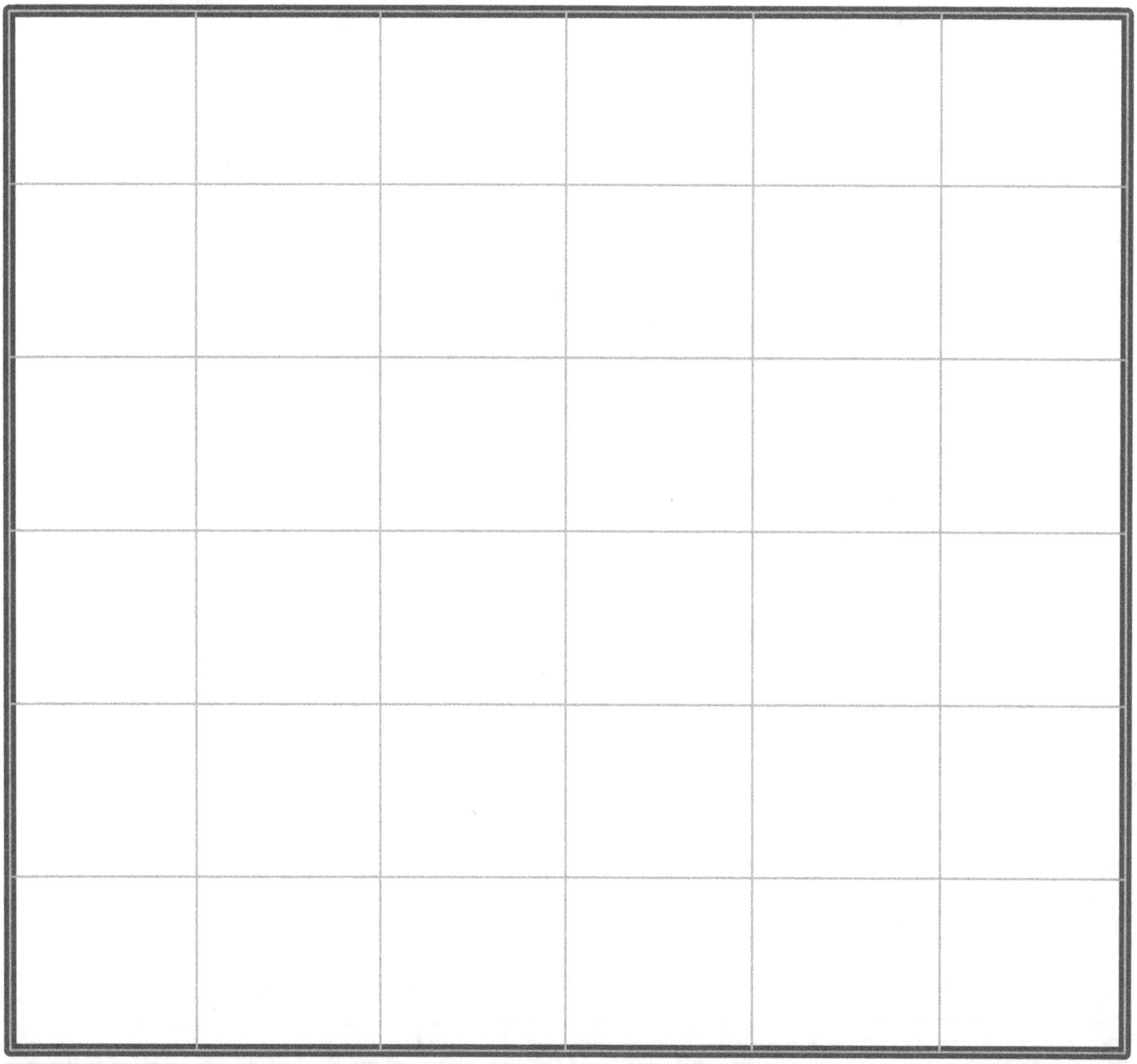

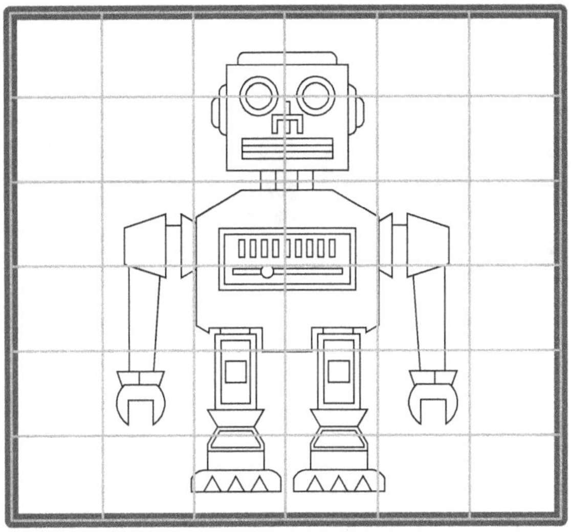

DRAW
THE IMAGE

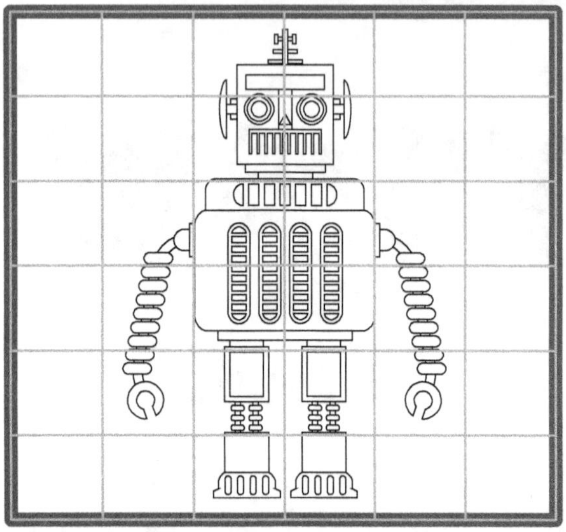

DRAW THE IMAGE

DRAW THE IMAGE

DRAW THE IMAGE

DRAW THE IMAGE

DRAW THE IMAGE

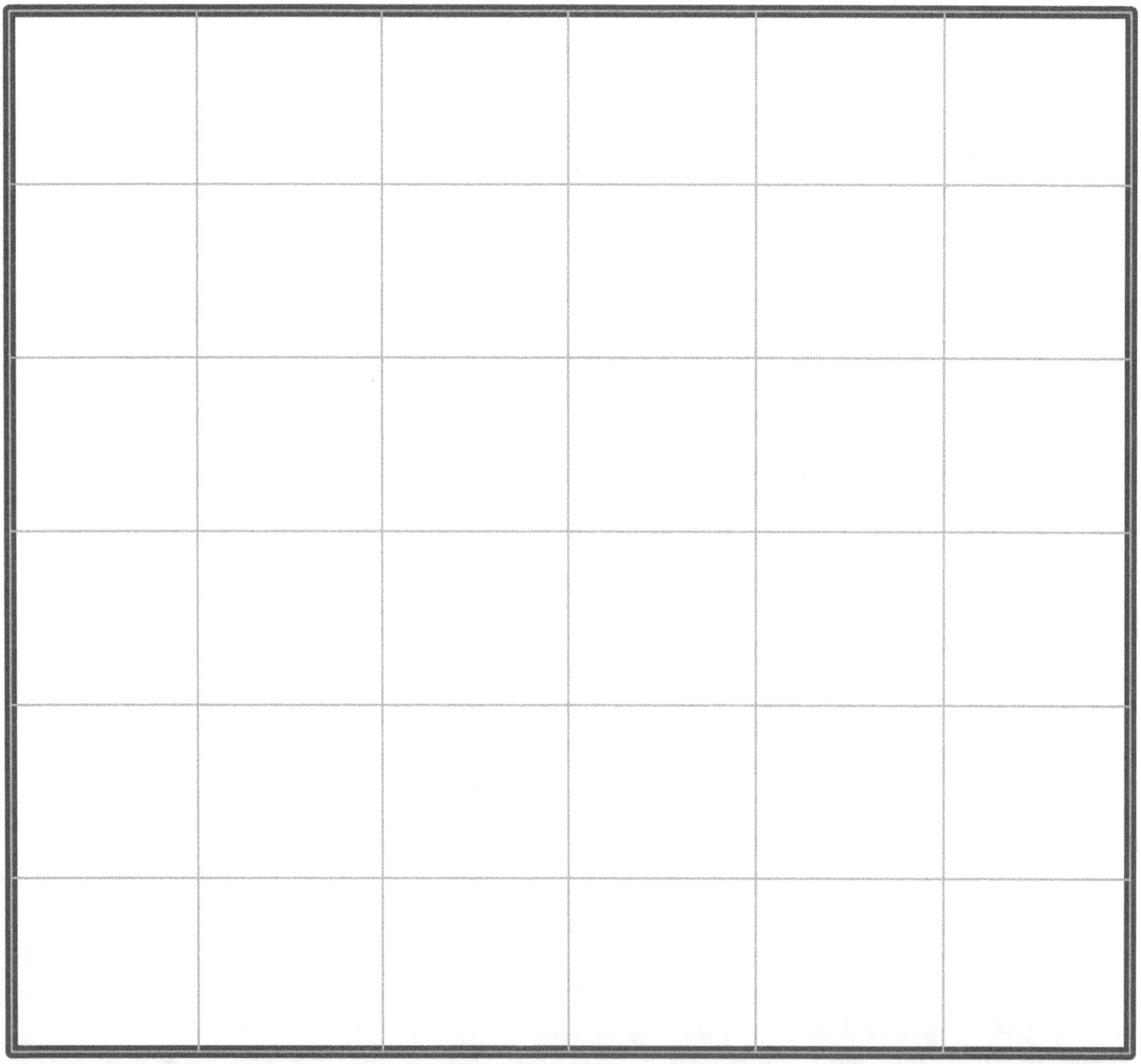

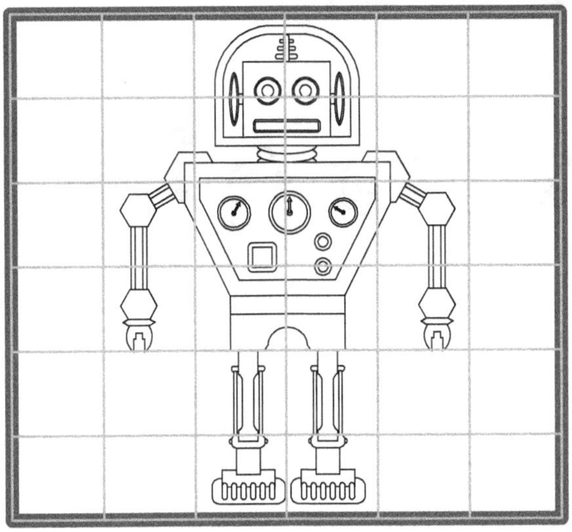

DRAW
THE IMAGE

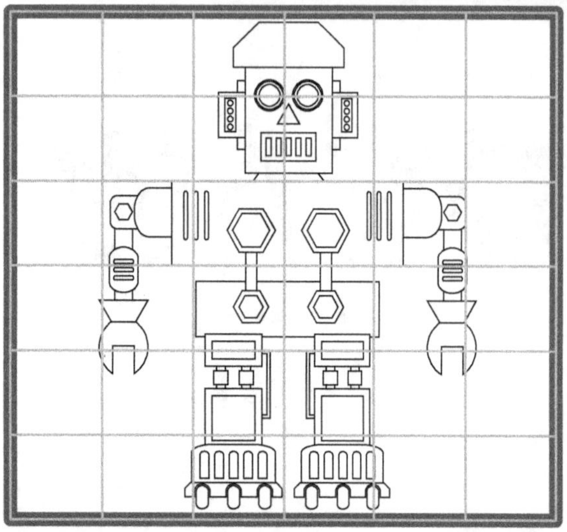

DRAW
THE IMAGE

DRAW THE IMAGE

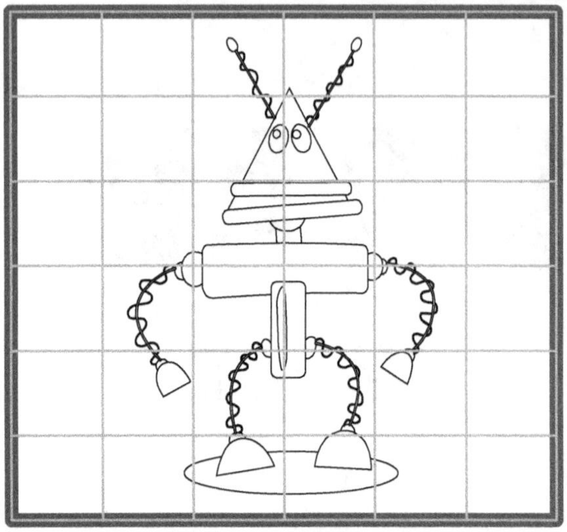

DRAW
THE IMAGE

DRAW THE IMAGE

DRAW THE IMAGE

DRAW THE IMAGE

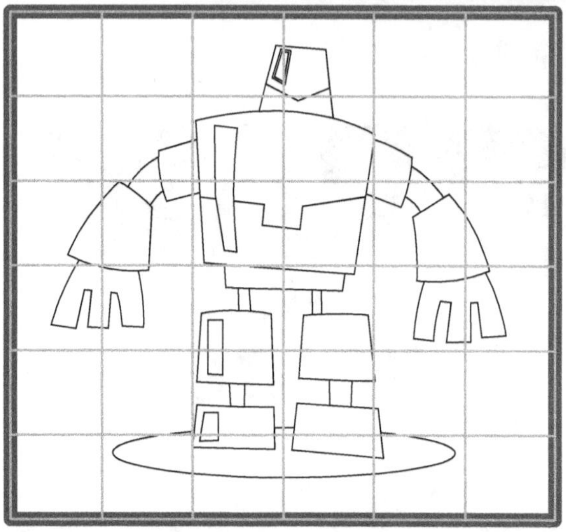

DRAW
THE IMAGE

DRAW THE IMAGE

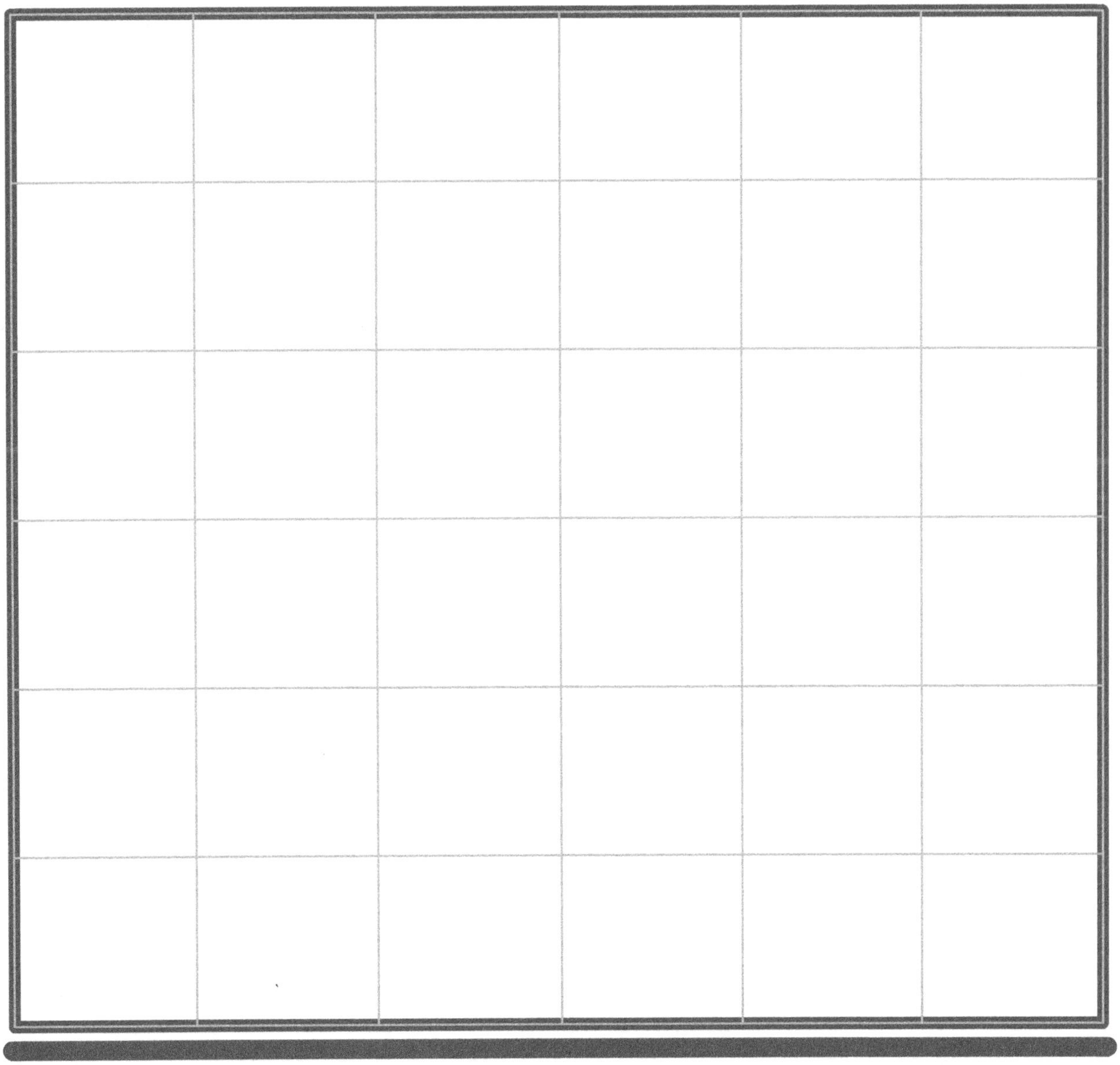

DRAW THE IMAGE

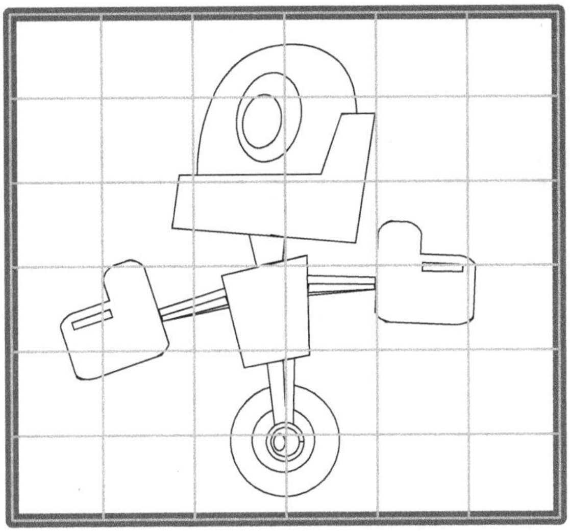

DRAW THE IMAGE

DRAW THE IMAGE

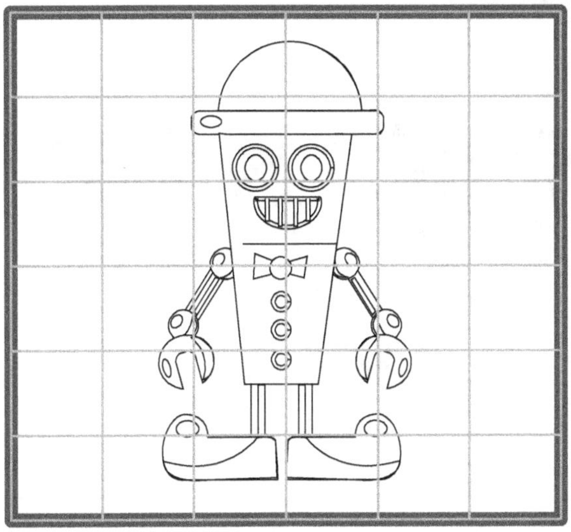

DRAW THE IMAGE

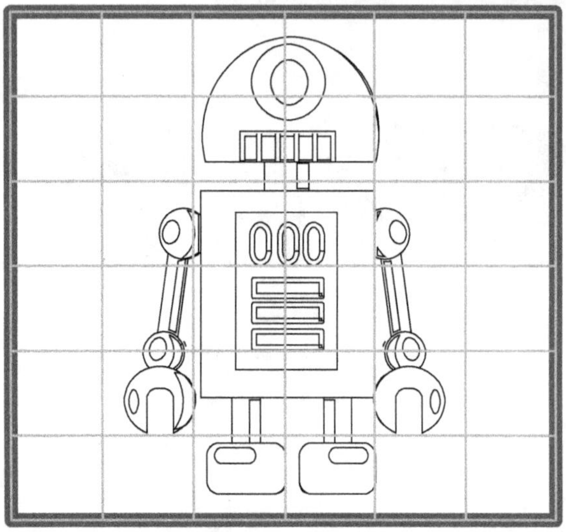

DRAW THE IMAGE

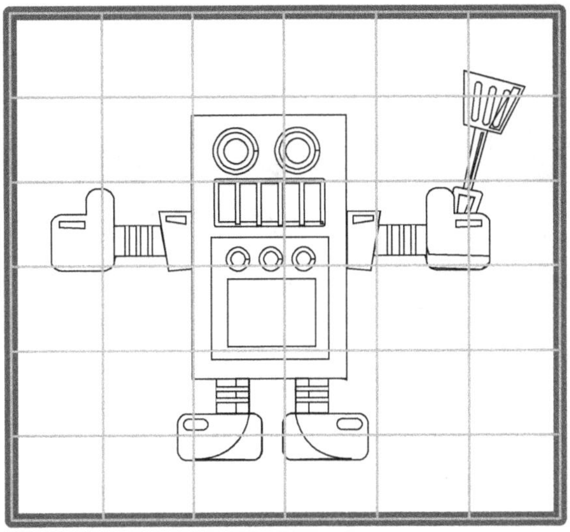

DRAW THE IMAGE

DRAW
THE IMAGE

Use the following pages to create your own Robotic budddy

www.ingramcontent.com/pod-product-compliance
Lightning Source LLC
LaVergne TN
LVHW082323080426
835508LV00042B/1519
9781683214199